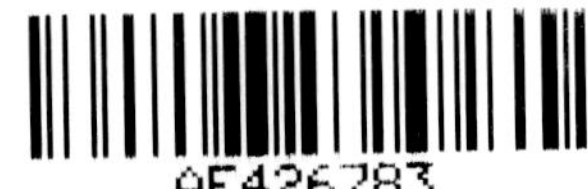
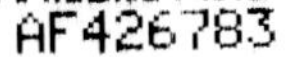
AF426783
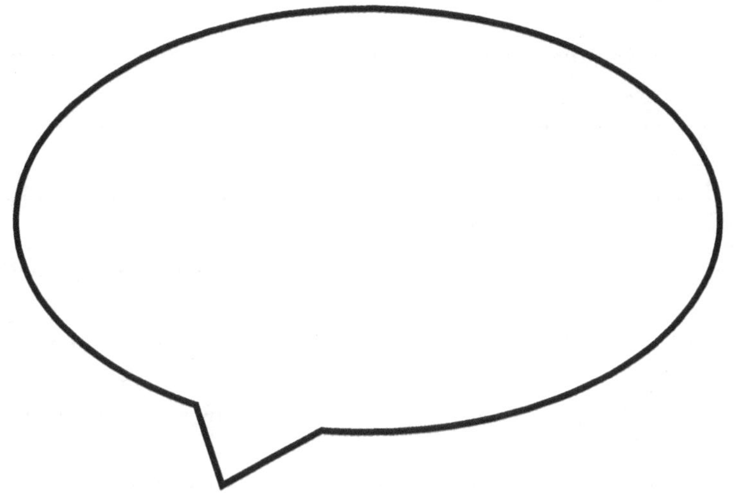

www.ingramcontent.com/pod-product-compliance
Lightning Source LLC
Chambersburg PA
CBHW031744150726
47989CB00006B/2585

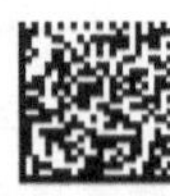

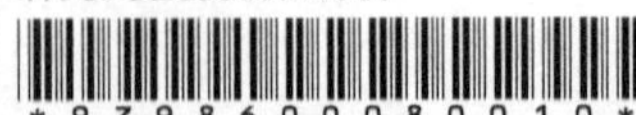